P9-CAO-616

# The Usborne Book of
# Everyday Words
# in French

## Designer and modelmaker: Jo Litchfield

Editors: Rebecca Treays, Kate Needham and Lisa Miles
French language consultant: Lorraine Beurton-Sharp
Photography: Howard Allman
Additional models by: Stefan Barnett
Managing Editor: Felicity Brooks
Managing Designer: Mary Cartwright
Photographic manipulation and design: Michael Wheatley

With thanks to Inscribe Ltd. and Eberhard Faber for providing the Fimo® modelling material

FOREST PARK PUBLIC LIBRARY

JAN -- 2016

FOREST PARK, IL

*Everyday Words* is a stimulating and lively wordfinder for young children. Each page shows familiar scenes from the world around us, providing plenty of opportunity for talking and sharing. Small, labeled pictures throughout the book tell you the words for things in French.

There are a number of hidden objects to find in every big scene. A small picture shows what to look for, and children can look up the French word for the numbers on page 43.

Above all, this bright and busy book will give children hours of enjoyment and a love of reading that will last.

# La famille

la soeur    le frère

la fille    le père

le fils    la mère

le chat

la grand-mère

le grand-père

le petit-fils    la petite-fille

le chien

# La ville

 Trouve quinze voitures

la station-service

le supermarché

les magasins

4

l'hôpital

 la piscine

l'école

le parking

 le cinéma

 le pont

# La rue

Trouve douze oiseaux

la boulangerie

le serveur

l'agent de police

la pharmacie

la poussette

l'arrêt de bus

la boucherie

le chien

le café

la planche à roulettes

le pompier

 le landau

le lampadaire

la poste

le chat

 le boulanger

7

# La maison

Trouve huit tasses

la porte    la poignée    la moquette    le toit    la rampe

le grenier

la chambre | le bureau | la salle de bains

la salle de séjour | l'entrée | la cuisine

la cheminée    l'interrupteur    le tapis    la fenêtre    l'escalier

9

# Le jardin

Trouve dix-sept vers de terre

la chenille

le pot de fleurs

l'abeille

la binette

l'os

la limace

 la coccinelle

 la feuille

 l'escargot

 la fourmi

 le râteau

 la niche

 l'arbre

 le barbecue

 le papillon

la brouette

 les graines

 le nid

 la tondeuse

11

# La cuisine

 Trouve dix tomates

l'évier

le couteau

le lave-linge

le grille-pain

la chaise     la soucoupe     la table     la tasse     la poêle

le four à micro-ondes

la fourchette

la passoire

la cuisinière

la cuillère

la pelle
à ordures

le lave-
vaisselle

l'assiette

la casserole

la carafe

le bol

le réfrigérateur

# La nourriture

 le biscuit      le pain

 les pâtes      le riz      la farine      les céréales

 le jus de fruits      le sachet de thé      le café      le sucre

 le lait      la crème      le beurre      l'œuf      le fromage     le yaourt

 le poulet      la crevette      la saucisse      la poitrine fumée      le poisson      le saucisson

 le jambon      la soupe      la pizza      le sel      le poivre     la moutarde

 le ketchup      le miel      la confiture      les raisins secs      les cacahuètes      l'eau

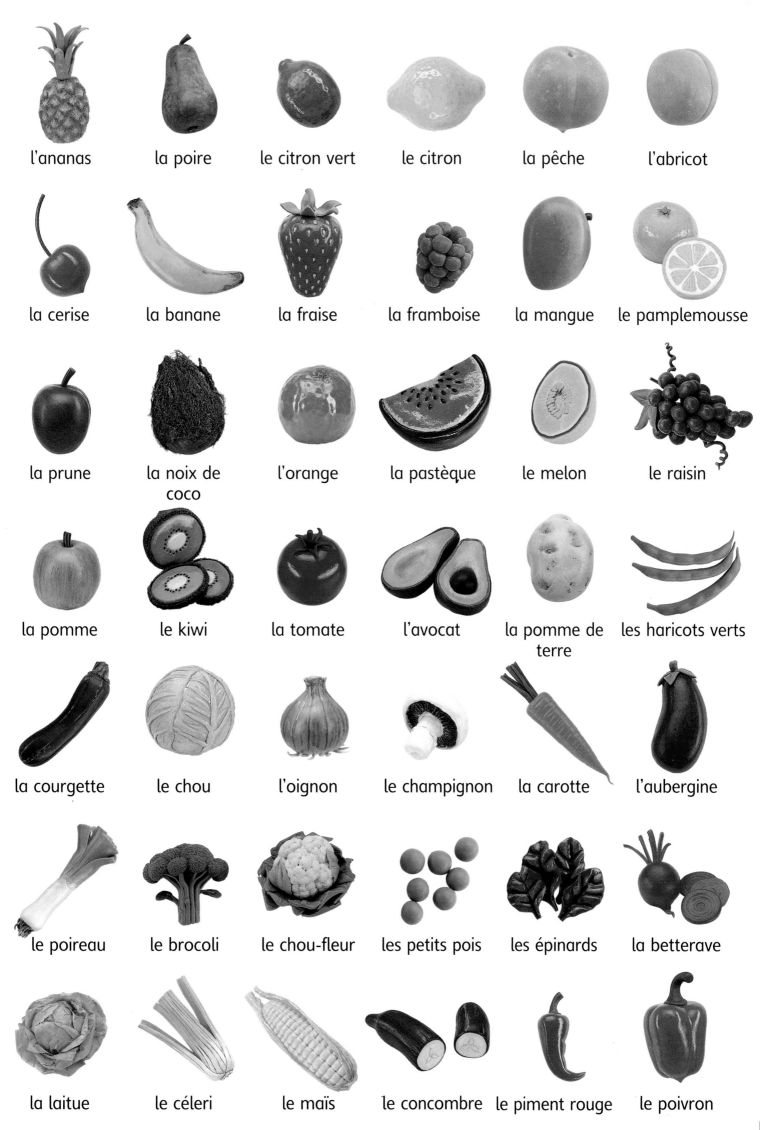

l'ananas   la poire   le citron vert   le citron   la pêche   l'abricot

la cerise   la banane   la fraise   la framboise   la mangue   le pamplemousse

la prune   la noix de coco   l'orange   la pastèque   le melon   le raisin

la pomme   le kiwi   la tomate   l'avocat   la pomme de terre   les haricots verts

la courgette   le chou   l'oignon   le champignon   la carotte   l'aubergine

le poireau   le brocoli   le chou-fleur   les petits pois   les épinards   la betterave

la laitue   le céleri   le maïs   le concombre   le piment rouge   le poivron

15

# La salle de séjour

 Trouve six cassettes

le CD

le porte-
monnaie

le fauteuil

l'aspirateur

la cassette vidéo

le canapé

le magnétoscope

la mini-chaîne

le puzzle

la télévision

la flûte

la fleur

le compotier

le tambourin

le plateau

le coussin

le piano

le casque stéréo

17

# Le bureau

Trouve neuf stylos

le bureau

l'ordinateur

le téléphone

le magazine

la guitare

la plante verte

le livre

le crayon cire

la photo

# La salle de bains

 Trouve trois bateaux

le savon

le lavabo

la serviette

la bonde

les toilettes

la baignoire

le papier WC

le peigne

le shampooing

la douche

# La chambre

le crocodile

la trompette

la commode

le robot

le lit

l'ours en peluche

la fusée

la poupée

le tambour

le vaisseau spatial

 l'éléphant

 la cassette

 le serpent

 le réveil

la marionnette

la table de nuit

le lion

la couverture

la girafe

les cartes

# Dans la maison

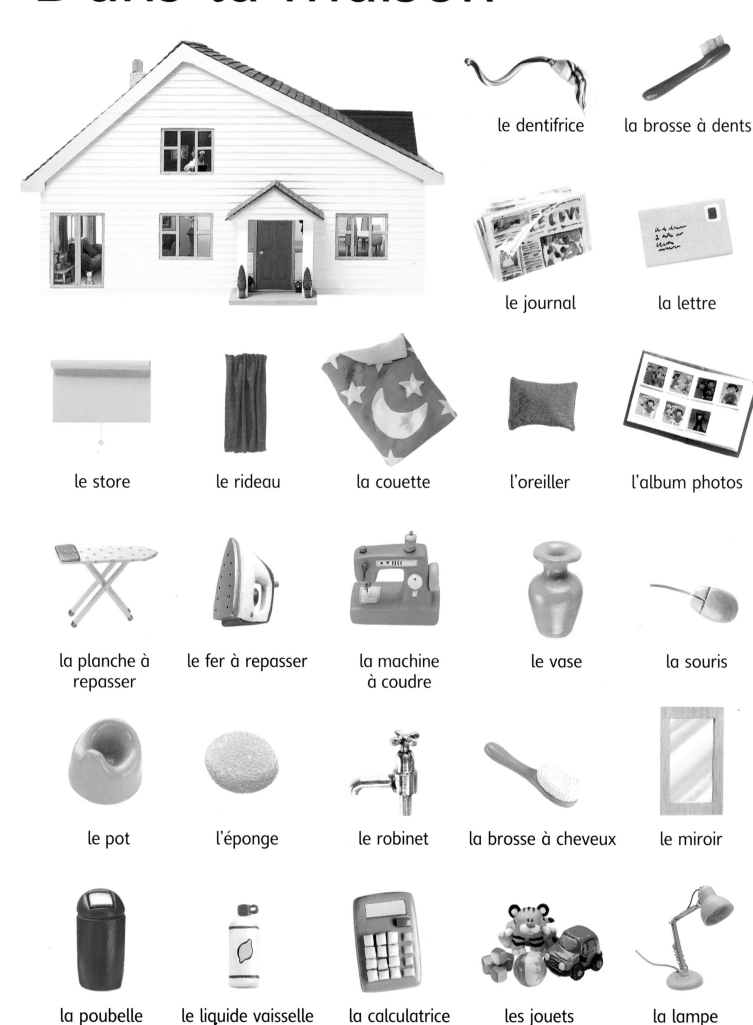

le dentifrice

la brosse à dents

le journal

la lettre

le store

le rideau

la couette

l'oreiller

l'album photos

la planche à repasser

le fer à repasser

la machine à coudre

le vase

la souris

le pot

l'éponge

le robinet

la brosse à cheveux

le miroir

la poubelle

le liquide vaisselle

la calculatrice

les jouets

la lampe

# Les transports

l'ambulance

le camion de pompiers

la voiture de police

l'hélicoptère

le camion

la voiture

la pelleteuse

la trottinette

le bateau

le canoë

la caravane

l'avion

la montgolfière

le tracteur

le taxi

le vélo

l'autobus

la moto

le sous-marin

le train

la voiture de course

la camionnette

le téléphérique

la voiture de sport

# La ferme

 Trouve cinq chatons

 le cochonnet

 le cochon

 l'oie

 le taureau

 la vache

 le veau

 le coq

le poussin

 la poule

24

la grange

le lapin

le mouton

l'agneau

la mare

l'âne

la chèvre

le fermier

le dindon

la barrière

le caneton

le canard

le chiot

le cheval

# La salle de classe

 Trouve vingt crayons cire

 le taille-crayon

 le chevalet

 le stylo à encre

 le papier

 le feutre

la craie

 le portemanteau

les ciseaux

l'ardoise

la ficelle

 le tabouret

 le crayon

 la gomme

 le ruban adhésif

 la colle

 les cubes

 la peinture

 le pinceau

 l'instituteur

la pendule

le cahier

la règle

# La fête

Trouve onze pommes

le magnétophone

le cadeau

le pirate

le cow-boy

le docteur

les chips

le pop-corn

le ballon

le ruban

le gâteau

le chocolat

la glace

la carte

la ballerine

la sirène

l'astronaute

le bonbon

la bougie

la paille

la chaise haute

le clown

# Le camping

 Trouve deux ours en peluche

la valise

la tente

l'appareil photo

la radio

le sac à dos

la carte d'identité

la torche

la pellicule photo

l'argent

le ballon de football

le parapluie

la carte

les jumelles

le chaton

le billet

# Les vêtements

le tee-shirt

le jean

la salopette

la robe

la jupe

le collant

le pyjama

le peignoir

le maillot
de corps

le bavoir

le pull-over

le sweat-shirt

le gilet

le pantalon

le tablier

la chemise

le manteau

le survêtement

le caleçon

 le slip

 le maillot de bain

 le slip de bain

 le maillot deux-pièces

 la cravate

 la ceinture

 les bretelles

 la fermeture éclair

 le bouton

 l'écharpe

 les lunettes

 les lunettes de soleil

 le badge

 la montre

 la chaussette

 le gant

 le chapeau

 la casquette

 le casque

 la bottine

 la chaussure de sport

 le chausson de danse

 la pantoufle

la chaussure

la sandale

33

# L'atelier

 Trouve treize souris

 la boîte à outils

l'arrosoir

le clou

 le marteau

 le canif

 le tournevis

 le pot

 l'araignée

la scie

l'étau

la clé

le ver de terre

le seau

la bêche

l'allumette

le carton

la roue

le tuyau d'arrosage

la corde

le papillon de nuit

la clé plate

le balai

35

# Le jardin public

 Trouve sept ballons de football

la pataugeoire

le garçon

36

l'oiseau

le sandwich

la raquette de tennis

le hamburger

le cerf-volant

le bébé

le hot dog

les frites

le fauteuil roulant

la fille

les balançoires

la bascule

le tourniquet

le toboggan

37

# Le corps

la tête

l'oreille

la langue

le nez

la bouche

les dents

l'oeil

le dos

le ventre

le nombril

le bras

la jambe

le coude

le genou

la main

le pied

le doigt

le pouce

le derrière

les cheveux longs

les cheveux courts

les cheveux frisés

les cheveux raides

# Les actions

dormir

faire du vélo

monter à cheval

sourire

rire

pleurer

chanter

marcher

courir

sauter

jouer au ballon

écrire      peindre      dessiner      lire      découper      coller

être assis      être debout      pousser      tirer

manger      boire      se laver      s'embrasser      faire signe

# Les formes

 l'ovale

 le cercle

le croissant

le triangle

le carré

le rectangle

l'étoile

# Les couleurs

 rouge

jaune

gris

rose

 marron

 bleu

 violet

 blanc

vert

noir

orange

# Les nombres

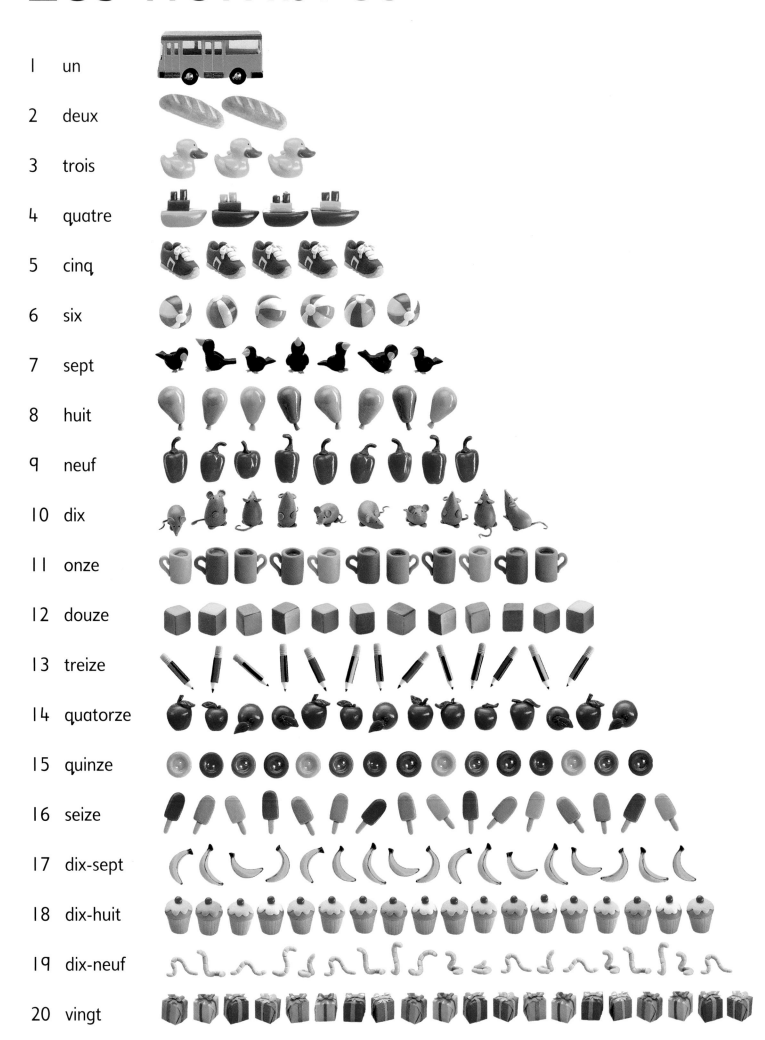

1 un

2 deux

3 trois

4 quatre

5 cinq

6 six

7 sept

8 huit

9 neuf

10 dix

11 onze

12 douze

13 treize

14 quatorze

15 quinze

16 seize

17 dix-sept

18 dix-huit

19 dix-neuf

20 vingt

43

# Word list

In this list, you can find all the French words in this book. They are listed in alphabetical order. Next to each one, you can see its pronunciation guide (how to say it) in letters *like this*, and then its English translation.

French nouns (words for objects) are either masculine or feminine. In the list, each one has **le**, **la**, **l'** or **les** in front of it. These all mean "the". The words with **le** are masculine, those with **la** are feminine.

French nouns that begin with "a", "e", "i", "o" or "u", and many that begin with an "h", have **l'** in front of them. At the end, you will see **(m)** or **(f)** to show if the word is masculine or feminine. Words with **les** in front of them are plural, which means more than one of something, for example "cats". These are also followed by **(m)** or **(f)**.

## About French pronunciation

Read each pronunciation as if it were an English word, but remember the following points about how French words are said:

● The French **j** is said like the "s" in "treasure".

● When you see (n) or (m) in a pronunciation, you should barely say the "n" or the "m". Say the letter that comes before it through your nose, as if you have a cold.

● The French **r** is made at the back of the throat. It sounds a little like gargling.

● The French **u** is not like any sound in English. It is a little like a cross between the "ew" of "few" and the "oo" of "food". To say it, round your lips to say "oo" and then try to say "ee". The pronunciations use the letters "ew" to show this sound.

**a**

| French | Pronunciation | English |
|---|---|---|
| l'abeille (f) | *labbaye* | bee |
| l'abricot (m) | *labreeko* | apricot |
| les actions (f) | *layz-ak-see-o(n)* | actions |
| l'agent de police (m) | *la-jo(n) duh poleess* | policeman |
| l'agneau (m) | *lan-yo* | lamb |
| l'album photos (m) | *lalbom foto* | photo album |
| l'allumette (f) | *la-lewmett* | match |
| l'ambulance (f) | *lo(m)bewlan(n)ss* | ambulance |
| l'ananas (m) | *la-na-na* | pineapple |
| l'âne (m) | *lan* | donkey |
| l'appareil photo (m) | *lappa-ray foto* | camera |
| l'araignée (f) | *la-renn-yay* | spider |
| les araignées (f) | *layz a-renn-yay* | spiders |
| l'arbre (m) | *lar-br* | tree |
| l'ardoise (f) | *lardwaz* | chalkboard |
| l'argent (m) | *lar-jo(n)* | money |
| l'arrêt de bus (m) | *laray duh bewss* | bus stop |
| l'arrosoir (m) | *la-rozwar* | watering can |
| l'aspirateur (m) | *lass-peera-ter* | vacuum cleaner |
| l'assiette (f) | *lassee-yet* | plate |
| l'astronaute (m/f) | *lass-tronnawt* | spaceman/woman |
| l'atelier(m) | *lattuh-lee-yay* | workshop |
| l'aubergine (f) | *lo-bair-jeen* | eggplant |
| l'autobus (m) | *lotto-bewss* | bus |
| l'avion (m) | *lav-yo(n)* | airplane |
| l'avocat (m) | *lavoka* | avocado |

**b**

| French | Pronunciation | English |
|---|---|---|
| le badge | *luh badj* | pin |
| la baignoire | *la bay-nwar* | bathtub |
| le balai | *luh ballay* | broom |
| les balançoires (f) | *lay ballo(n)-swar* | swings |
| la ballerine | *la ball-uh-reen* | ballerina |
| le ballon | *luh ballo(n)* | balloon/ball |
| le ballon de football | *luh ballo(n) duh foot-bol* | soccer ball |
| les ballons de football | *lay ballo(n) duh foot-bol* | soccer balls |
| la banane | *la ban-an* | banana |
| le barbecue | *luh bar-buh-kew* | barbecue grill |
| la barrière | *la bar-yair* | gate |
| la bascule | *la baskewl* | seesaw |
| le bateau | *luh batto* | boat |
| les bateaux (m) | *lay batto* | boats |
| le bavoir | *luh bavwar* | bib |
| le bébé | *luh bebay* | baby |
| la bêche | *la besh* | shovel |
| la betterave | *la bet-rav* | beets |
| le beurre | *luh ber* | butter |
| le billet | *luh bee-yay* | ticket |
| la binette | *la beennet* | shovel |
| le biscuit | *luh beess-kwee* | cookie |
| blanc | *blo(n)* | white |
| bleu | *bluh* | blue |
| boire | *bwar* | to drink |
| la boîte à outils | *la bwa-ta-ootee* | toolbox |
| le bol | *luh bol* | bowl |
| le bonbon | *luh bo(n)bo(n)* | candy |
| la bonde | *la bond* | plug |
| la bottine | *la bo-teen* | boot |
| la bouche | *la boosh* | mouth |
| la boucherie | *la boosh-ree* | butcher's shop |
| la bougie | *la boo-jee* | candle |
| le boulanger | *luh boolo(n)-jay* | baker (man) |
| la boulangerie | *la boolo(n)j-ree* | baker's shop |
| le bouton | *luh boo-to(n)* | button |
| le bras | *luh bra* | arm |
| les bretelles (f) | *lay bruh-tell* | suspenders |
| le brocoli | *luh bro-ko-lee* | broccoli |
| la brosse à cheveux | *la brossa-shuh-vuh* | hairbrush |
| la brosse à dents | *la brossa-do(n)* | toothbrush |
| la brouette | *la broo-ett* | wheelbarrow |
| le bureau | *luh bew-ro* | study/desk |

**c**

| French | Pronunciation | English |
|---|---|---|
| les cacahuètes (f) | *lay ka-ka-wet* | peanuts |
| le cadeau | *luh kaddo* | present (gift) |
| le café | *luh kaffay* | café/coffee |
| le cahier | *luh ka-yay* | notebook |
| la calculatrice | *la kalkew-latreess* | calculator |
| le caleçon | *luh kalson* | boxer shorts |
| le camion | *luh kam-yo(n)* | truck |
| le camion de pompiers | *luh kam-yo(n) duh po(m)p-yay* | fire engine |
| la camionnette | *la kam-yonnett* | delivery van |
| le camping | *luh ko(m)peeng* | campsite |
| le canapé | *luh kannapay* | sofa |
| le canard | *luh kannar* | duck |
| le caneton | *luh kan-to(n)* | duckling |
| le canif | *luh kanneef* | pocketknife |
| le canoë | *luh kanno-ay* | kayak |
| la carafe | *la ka-raf* | jug |
| la caravane | *la ka-ra-van* | trailer |
| la carotte | *la ka-rot* | carrot |
| le carré | *luh karray* | square |
| la carte | *la kart* | map/card |
| la carte d'identité | *la kart deedo(n)-teetai* | identity card |
| les cartes (f) | *lay kart* | playing cards |
| le carton | *luh kar-to(n)* | cardboard box |
| le casque | *luh kask* | helmet |
| le casque stéréo | *luh kask stair-ayo* | headphones |
| la casquette | *la kass-ket* | cap |
| la casserole | *la kass-rol* | saucepan |
| la cassette | *la kassett* | cassette |
| la cassette vidéo | *la kassett veeday-o* | video tape |
| les cassettes (f) | *lay kassett* | cassettes |
| le CD | *luh say-day* | CD |
| la ceinture | *la sa(n)tewr* | belt |
| le céleri | *luh sell-ree* | celery |
| le cercle | *luh sairkl* | circle |
| les céréales (f) | *lai sair-ayal* | cereal |
| le cerf-volant | *luh sair vollo(n)* | kite |
| la cerise | *la suh-reez* | cherry |
| la chaise | *la shez* | chair |
| la chaise haute | *la shez owt* | highchair |
| la chambre | *la sho(m)br* | bedroom |
| le champignon | *luh sho(m)peen-yo(n)* | mushroom |
| chanter | *sho(n)tay* | to sing |
| le chapeau | *luh shappo* | hat |
| le chat | *luh sha* | cat |
| le chaton | *luh shatto(n)* | kitten |
| les chatons | *lay shatto(n)* | kittens |
| la chaussette | *la shossett* | sock |
| le chausson de danse | *luh shosso(n) duh do(n)ss* | ballet shoe |
| la chaussure | *la shossewr* | shoe |
| la chaussure de sport | *la shossewr duh spor* | tennis shoe |
| la cheminée | *la shuh-meenai* | chimney |
| la chemise | *la shuh-meez* | shirt |
| la chenille | *la shuh-nee-yuh* | caterpillar |
| le cheval | *luh shuh-val* | horse |
| les cheveux (m) | *lay shuh-vuh* | hair |
| les cheveux courts (m) | *lay shuh-vuh koor* | short hair |
| les cheveux frisés (m) | *lay shuh-vuh free-zai* | curly hair |
| les cheveux longs (m) | *lay shuh-vuh lo(n)* | long hair |
| les cheveux raides (m) | *lay shuh-vuh red* | straight hair |
| la chèvre | *la shevr* | goat |
| le chien | *luh shee-a(n)* | dog |
| le chiot | *luh shee-o* | puppy |
| les chips (f) | *lay sheeps* | French fries |
| le chocolat | *luh sho-ko-la* | chocolate |
| le chou | *luh shoo* | cabbage |
| le chou-fleur | *luh shoo-fler* | cauliflower |
| le cinéma | *luh seenayma* | movie theater |
| cinq | *sank* | five |
| les ciseaux (m) | *lay see-zo* | scissors |
| le citron | *luh seetro(n)* | lemon |
| le citron vert | *luh seetro(n) vair* | lime |
| la clé | *la klay* | key |
| la clé plate | *la klay plat* | wrench |
| le clou | *luh kloo* | nail |
| le clown | *luh kloon* | clown |
| la coccinelle | *la kok-see-nell* | ladybug |
| le cochon | *luh kosho(n)* | pig |
| le cochonnet | *luh koshon-ay* | piglet |
| le collant | *luh ko-lo(n)* | tights |
| la colle | *la kol* | glue |
| coller | *ko-lay* | to stick |
| la commode | *la ko-mod* | chest of drawers |
| le compotier | *luh ko(m)pot-yay* | fruit bowl |
| le concombre | *luh ko(n)-ko(m)br* | cucumber |
| la confiture | *la ko(n)fee-tewr* | jelly |
| le coq | *luh kok* | rooster |
| la corde | *la kord* | rope |
| le corps | *luh kor* | body |
| le coude | *luh kood* | elbow |
| la couette | *la koo-ett* | comforter |
| les couleurs (f) | *lay koo-ler* | colors |
| la courgette | *la koorjet* | zucchini |
| courir | *kooreer* | to run |
| le coussin | *luh koo-sa(n)* | cushion |
| le couteau | *luh koo-to* | knife |
| la couverture | *la koo-vair-tewr* | blanket |
| le cow-boy | *luh koo-boy* | cowboy |
| la craie | *la krai* | chalk |
| la cravate | *la kra-vat* | tie |
| le crayon | *luh kray-o(n)* | pencil |
| le crayon cire | *luh kray-o(n) seer* | crayon |
| les crayons cire (m) | *lai kraiy-o(n) seer* | crayons |
| la crème | *la krem* | cream |
| la crevette | *la kruh-vet* | shrimp |
| le crocodile | *luh kro-kodeel* | crocodile |
| le croissant | *luh krwa-so(n)* | crescent |
| les cubes (m) | *lay kewb* | toy blocks |
| la cuillère | *la kwee-yair* | spoon |
| la cuisine | *la kwee-zeen* | kitchen |
| la cuisinière | *la kwee-zeen-yair* | stove |

**d**

| French | Pronunciation | English |
|---|---|---|
| découper | *day-koopay* | to cut |
| le dentifrice | *luh do(n)tee-freess* | toothpaste |
| les dents (f) | *lay do(n)* | teeth |
| le derrière | *luh dair-yair* | bottom (part of the body) |
| dessiner | *desee-nay* | to draw |
| deux | *duh* | two |
| le dindon | *luh da(n)-do(n)* | turkey |
| dix | *deess* | ten |
| dix-huit | *deez-weet* | eighteen |
| dix-neuf | *deez-nerf* | nineteen |
| dix-sept | *deessett* | seventeen |
| le docteur | *luh dokter* | doctor |
| le doigt | *luh dwa* | finger |
| dormir | *dor-meer* | to sleep |
| le dos | *luh dow* | back (part of the body) |
| la douche | *la doosh* | shower |
| douze | *dooz* | twelve |

**e**

| French | Pronunciation | English |
|---|---|---|
| l'eau (f) | *lo* | water |
| l'écharpe (f) | *lesharp* | scarf |
| l'école (f) | *lek-ol* | school |
| écrire | *aykreer* | to write |

| | | | |
|---|---|---|---|
| | l'éléphant (m) | *lelayfo(n)* | elephant |
| | l'entrée (f) | *lo(n)tray* | hall |
| | les épinards (m) | *lay-zepeenar* | spinach |
| | l'éponge (f) | *lepo(n)j* | sponge |
| | l'escalier (m) | *leskal-yay* | stairs |
| | l'escargot (m) | *leskar-go* | snail |
| | l'étau (m) | *letto* | vise |
| | l'étoile (f) | *letwal* | star |
| | être assis | *etr assee* | to be sitting |
| | être debout | *etr duhboo* | to be standing |
| | l'évier (m) | *lev-yay* | sink |

**f**
| | | |
|---|---|---|
| faire signe | *fair seen-yuh* | to wave |
| faire du vélo | *fair dew vaylo* | to cycle |
| la famille | *la fa-mee-yuh* | family |
| la farine | *la fa-reen* | flour |
| le fauteuil | *luh fotuh-yuh* | armchair |
| le fauteuil roulant | *luh fotuh-yuh roolo(n)* | wheelchair |
| la fenêtre | *la fuh-netr* | window |
| le fer à repasser | *luh faira-ruhpassay* | iron |
| la ferme | *la fairm* | farm |
| la fermeture éclair | *la fairmuh-tewr eklair* | zipper |
| le fermier | *luh fairm-yay* | farmer |
| la fête | *la fait* | party |
| la feuille | *la fer-yuh* | leaf |
| le feutre | *luh fuh-tr* | felt-tip pen |
| la ficelle | *la fee-sell* | string |
| la fille | *la fee-yuh* | girl/daughter |
| le fils | *luh feess* | son |
| la fleur | *la fler* | flower |
| la flûte | *la flewt* | recorder |
| les formes (f) | *lay form* | shapes |
| le four à micro-ondes | *luh foor a meekro-o(n)d* | microwave |
| la fourchette | *la foorshett* | fork |
| la fourmi | *la foormee* | ant |
| la fraise | *la frez* | strawberry |
| la framboise | *la fro(m)-bwuz* | raspberry |
| le frère | *luh frair* | brother |
| les frites (f) | *lay freet* | chips |
| le fromage | *luh frommaj* | cheese |
| la fusée | *la few-zay* | rocket |

**g**
| | | |
|---|---|---|
| le gant | *luh gu(n)* | glove |
| le garçon | *luh gar-so(n)* | boy |
| le gâteau | *luh ga-to* | cake |
| le genou | *luh juh-noo* | knee |
| le gilet | *luh jee-lay* | cardigan |
| la girafe | *la jee-raf* | giraffe |
| la glace | *la glass* | ice cream |
| la gomme | *la gom* | eraser |
| les graines (f) | *lay grenn* | seeds |
| la grand-mère | *la gro(n)-mair* | grandmother |
| le grand-père | *luh gro(n)-pair* | grandfather |
| la grange | *la gro(n)j* | barn |
| le grenier | *luh gruhn-yay* | attic |
| le grille-pain | *luh greeyuh-pa(n)* | toaster |
| gris | *gree* | gray |
| la guitare | *la gee-tarr* | guitar |

**h**
| | | |
|---|---|---|
| le hamburger | *luh a(m)boor-ger* | hamburger |
| les haricots verts (m) | *lay areeko vair* | green beans |
| l'hélicoptère (m) | *lellee-koptair* | helicopter |
| l'hôpital (m) | *lo-peetal* | hospital |
| le hot-dog | *luh ot-dog* | hotdog |
| huit | *weet* | eight |

**i**
| | | |
|---|---|---|
| l'instituteur (m) | *la(n)stee-tewter* | teacher (male) |
| l'interrupteur (m) | *la(n)terrewp-ter* | switch |

**j**
| | | |
|---|---|---|
| la jambe | *la jo(m)b* | leg |
| le jambon | *luh jo(m)bo(n)* | ham |
| le jardin | *luh jarda(n)* | yard |
| le jardin public | *luh jarda(n) pewbleek* | park |
| jaune | *joan* | yellow |
| le jean | *luh djeen* | jeans |
| jouer au ballon | *joo-ay o ballo(n)* | to play with a ball |
| les jouets (m) | *lay joo-ay* | toys |
| le journal | *luh joor-nal* | newspaper |
| les jumelles (f) | *lay jew-mell* | binoculars |
| la jupe | *la jewp* | skirt |
| le jus de fruits | *luh jew duh frwee* | fruit juice |

**k**
| | | |
|---|---|---|
| le ketchup | *luh ketchup* | ketchup |
| le kiwi | *luh kee-wee* | kiwi |

**l**
| | | |
|---|---|---|
| le lait | *luh lay* | milk |
| la laitue | *la letew* | lettuce |
| le lampadaire | *luh lo(m)pa-dair* | street lamp |
| la lampe | *la lo(m)p* | lamp |
| le landau | *luh lo(n)do* | baby buggy |
| la langue | *la long* | tongue |
| le lapin | *luh la-pa(n)* | rabbit |
| le lavabo | *luh la-vabbo* | sink |
| le lave-linge | *luh lav-la(n)j* | washing machine |
| le lave-vaisselle | *luh lav-vessell* | dishwasher |
| la lettre | *la letr* | letter |
| la limace | *la lee-mass* | slug |
| le lion | *luh lee-o(n)* | lion |
| le liquide vaisselle | *luh leekeed vessell* | dish soap |
| lire | *leer* | to read |
| le lit | *luh lee* | bed |
| le livre | *luh leevr* | book |
| les lunettes (f) | *lay lewn-et* | glasses |
| les lunettes de soleil (f) | *lay lewn-et duh sol-ay* | sunglasses |

**m**
| | | |
|---|---|---|
| la machine à coudre | *la masheen a kood-ruh* | sewing machine |
| les magasins (m) | *lay magga-za(n)* | stores |
| le magazine | *luh maga-zeenn* | magazine |
| le magnétophone | *luh man-yet-o-fon* | tape recorder |
| le magnétoscope | *luh man-yet-o-skop* | VCR |
| le maillot de bain | *luh ma-yo duh ba(n)* | swimsuit |
| le maillot de corps | *luh ma-yo duh kor* | undershirt |
| le maillot deux-pièces | *luh ma-yo duh pyes* | bikini |
| la main | *la ma(n)* | hand |
| le maïs | *luh ma-eess* | corn |
| la maison | *la may-zo(n)* | house |
| manger | *mo(n)jay* | to eat |
| la mangue | *la mong* | mango |
| le manteau | *luh mo(n)to* | coat |
| marcher | *mar-shay* | to walk |
| la mare | *la mar* | pond |
| la marionnette | *la ma-ree-onett* | puppet |
| marron | *ma-ro(n)* | brown |
| le marteau | *luh mar-to* | hammer |
| le melon | *luh muhlo(n)* | melon |
| la mère | *la mair* | mother |
| le miel | *luh mee-ell* | honey |
| la mini-chaîne | *la mee-nee-shen* | stereo |
| le miroir | *luh meer-wahr* | mirror |
| monter à cheval | *montay a shuhval* | to go horse riding |
| la montgolfière | *la mo(n)golf-yair* | hot air balloon |
| la montre | *la mo(n)tr* | watch |
| la moquette | *la mo-kett* | carpet |
| la moto | *la moto* | motorcycle |
| la moutarde | *la moo-tard* | mustard |
| le mouton | *luh moo-to(n)* | sheep |

## n

| French | Pronunciation | English |
|---|---|---|
| neuf | *nerf* | nine |
| le nez | *luh nay* | nose |
| la niche | *la neesh* | doghouse |
| le nid | *luh nee* | nest |
| noir | *nwar* | black |
| la noix de coco | *la nwa duh koko* | coconut |
| les nombres (m) | *lay no(m)br* | numbers |
| le nombril | *luh nombreel* | belly button |
| la nourriture | *la nooree-tewr* | food |

## o

| French | Pronunciation | English |
|---|---|---|
| l'oeil (m) | *ler-yuh* | eye |
| l'œuf (m) | *lerf* | egg |
| l'oie (f) | *lwa* | goose |
| l'oignon (m) | *lonn-yo(n)* | onion |
| l'oiseau (m) | *lwa-zo* | bird |
| les oiseaux (m) | *lay-zwazo* | birds |
| onze | *o(n)z* | eleven |
| l'orange (f) | *loro(n)j* | orange (fruit) |
| orange | *oro(n)j* | orange (color) |
| l'ordinateur (m) | *lordee-na-ter* | computer |
| l'oreille (f) | *loraye* | ear |
| l'oreiller (m) | *loray-yay* | pillow |
| l'os (m) | *loss* | bone |
| l'ours en peluche (m) | *loorss o(n) plewsh* | teddy bear |
| les ours en peluche (m) | *layzoorss o(n) plewsh* | teddy bears |
| l'ovale (m) | *lo-val* | oval |

## p

| French | Pronunciation | English |
|---|---|---|
| la paille | *la pie* | (drinking) straw |
| le pain | *luh pa(n)* | bread |
| le pamplemousse | *luh po(m)pl-mooss* | grapefruit |
| le pantalon | *luh po(n)-ta-lo(n)* | pants |
| la pantoufle | *la po(n)toofl* | slipper |
| le papier | *luh pap-yay* | paper |
| le papier WC | *luh pap-yay vay-say* | toilet paper |
| le papillon | *luh pa-pee-yo(n)* | butterfly |
| le papillon de nuit | *luh pa-pee-yo(n) duh nwee* | moth |
| le parapluie | *luh pa-ra-plwee* | umbrella |
| le parking | *luh par-keeng* | parking lot |
| la passoire | *la pa-swar* | strainer |
| la pastèque | *la pastek* | watermelon |
| la pataugeoire | *la pato-jwar* | wading pool |
| les pâtes (f) | *lay patt* | pasta |
| la pêche | *la pesh* | peach (fruit) |
| le peigne | *luh penn-yuh* | comb |
| le peignoir | *luh payn-war* | bathrobe |
| peindre | *pa(n)dr* | to paint |
| la peinture | *la pa(n)-tewr* | paint |
| la pelle à ordures | *la pell a ordewr* | dustpan |
| la pelleteuse | *la pell-terz* | bulldozer |
| la pellicule photo | *la peleekewl fotto* | film (camera) |
| la pendule | *la po(n)dewl* | clock |
| le père | *luh pair* | father |
| la petite-fille | *la puh-teet-fee-yuh* | granddaughter |
| le petit-fils | *luh puh-tee-feess* | grandson |
| les petits pois (m) | *lay puh-tee pwa* | peas |
| la pharmacie | *la farmassee* | pharmacy |
| la photo | *la foto* | photograph |
| le piano | *luh pee-anno* | piano |
| le pied | *luh pee-ay* | foot |
| le piment rouge | *luh pee-mo(n) rooj* | chili pepper |
| le pinceau | *luh pa(n)-so* | paintbrush |
| le pirate | *luh pee-rat* | pirate |
| la piscine | *la pee-seen* | swimming pool |
| la pizza | *la peetza* | pizza |
| la planche à repasser | *la plo(n)sh a ruh-passay* | ironing board |
| la planche à roulettes | *la plo(n)sh a roollett* | skateboard |
| la plante verte | *la plo(n)t vairt* | plant |
| le plateau | *luh pla-to* | tray |
| pleurer | *pluh-ray* | to cry |
| la poêle | *la pwel* | frying pan |
| la poignée | *la pwan-yay* | door handle |
| la poire | *la pwar* | pear |
| le poireau | *luh pwa-ro* | leek |
| le poisson | *luh pwa-so(n)* | fish |
| la poitrine fumée | *la pwa-treen few-may* | bacon |
| le poivre | *luh pwavr* | pepper |
| le poivron | *luh pwa-vro(n)* | bell pepper |
| la pomme | *la pom* | apple |
| la pomme de terre | *la pom duh tair* | potato |
| les pommes (f) | *lay pom* | apples |
| le pompier | *luh po(m)p-yay* | fireman |
| le pont | *luh po(n)* | bridge |
| le pop-corn | *luh pop-korn* | popcorn |
| la porte | *la port* | door |
| le portemanteau | *luh port-mo(n)to* | peg (for clothes) |
| le porte-monnaie | *luh port monnay* | coin purse |
| la poste | *la post* | post office |
| le pot | *luh po* | can/potty chair |
| le pot de fleurs | *luh po duh fler* | flowerpot |
| la poubelle | *la poobell* | trash can |
| le pouce | *luh pooss* | thumb |
| la poule | *la pool* | hen |
| le poulet | *luh poollay* | chicken |
| la poupée | *la poo-pay* | doll |
| pousser | *poossay* | to push |
| la poussette | *la poossett* | stroller |
| le poussin | *luh poossa(n)* | chick |
| la prune | *la prewn* | plum |
| le pull-over | *luh pewlo-vair* | sweater |
| le puzzle | *luh puhzl* | jigsaw puzzle |
| le pyjama | *luh pee-jama* | pajamas |

## q

| French | Pronunciation | English |
|---|---|---|
| quatorze | *ka-torz* | fourteen |
| quatre | *katr* | four |
| quinze | *ka(n)z* | fifteen |

## r

| French | Pronunciation | English |
|---|---|---|
| la radio | *la rad-yo* | radio |
| le raisin | *luh ray-za(n)* | grapes |
| les raisins secs (m) | *lai ray-za(n) sek* | raisins |
| la rampe | *la ro(m)p* | banister |
| la raquette de tennis | *la rakett duh teneess* | tennis racket |
| le râteau | *luh ra-to* | rake |
| le rectangle | *luh rek-to(n)gl* | rectangle |
| le réfrigérateur | *luh refree-jaira-ter* | refrigerator |
| la règle | *la regl* | ruler |
| le réveil | *luh rev-ay* | alarm clock |
| le rideau | *luh ree-do* | curtain |
| rire | *reer* | to laugh |
| le riz | *luh ree* | rice |
| la robe | *la rob* | dress |
| le robinet | *luh robbee-nay* | faucet |
| le robot | *luh robbo* | robot |
| rose | *roz* | pink |
| la roue | *la roo* | wheel |
| rouge | *rooj* | red |
| le ruban | *luh rewbo(n)* | ribbon |
| le ruban adhésif | *luh rewbo(n) a-dezeef* | tape |
| la rue | *la rew* | street |

## s

| French | Pronunciation | English |
|---|---|---|
| le sac à dos | *luh sakka-do* | backpack |
| le sachet de thé | *luh sa-shay duh tay* | tea bag |
| la salle de bains | *la sal duh ba(n)* | bathroom |
| la salle de classe | *la sal de klas* | classroom |
| la salle de séjour | *la sal duh sejoor* | living room |

| | | |
|---|---|---|
| la salopette | la salopette | overalls |
| la sandale | la so(n)dal | sandal |
| le sandwich | luh so(n)d-weech | sandwich |
| la saucisse | la so-seess | sausage |
| le saucisson | luh so-see-so(n) | salami |
| sauter | so-tay | to jump |
| le savon | luh sa-vo(n) | soap |
| la scie | la see | saw |
| se laver | suh la-vai | to wash (yourself) |
| le seau | luh so | bucket |
| seize | sez | sixteen |
| le sel | luh sell | salt |
| s'embrasser | sombrassay | to kiss (each other) |
| sept | sett | seven |
| le serpent | luh sair-po(n) | snake |
| le serveur | luh sairv-er | waiter |
| la serviette | la sairv-yet | towel |
| le shampooing | luh shompweng | shampoo |
| la sirène | la see-ren | mermaid |
| six | seess | six |
| le slip | luh sleep | underpants |
| le slip de bain | luh sleep duh ba(n) | swimming trunks |
| la soeur | la ser | sister |
| la soucoupe | la soo-koop | saucer |
| la soupe | la soop | soup |
| sourire | sooreer | to smile |
| la souris | lay soo-ree | computer mouse/mouse |
| les souris | lay soo-ree | mice |
| le sous-marin | luh soo-ma-ra(n) | submarine |
| la station-service | la sta-see-o(n) ser-vees | gas station |
| le store | luh stor | blind |
| le stylo à encre | luh stee-lo a o(n)kr | ink pen |
| les stylos (m) | lay stee-lo | pens |
| le sucre | luh sewkr | sugar |
| le supermarché | luh sew-pair-mar-shay | supermarket |
| le survêtement | luh sewr-vetmo(n) | sweat suit |
| le sweat-shirt | luh sweat-shert | sweatshirt |

**t**

| | | |
|---|---|---|
| la table | la tabl | table |
| la table de nuit | la tabl duh nwee | night stand |
| le tableau | luh taa-blo | board |
| le tablier | luh ta-blee-ay | apron |
| le tabouret | luh ta-boo-ray | stool |
| le taille-crayon | luh tie-yuh kray-o(n) | pencil sharpener |
| le tambour | luh to(m)-boor | drum |
| le tambourin | luh to(m)-boo-ra(n) | tambourine |
| le tapis | luh ta-pee | rug |
| la tasse | la tass | cup |
| les tasses (f) | lay tass | cups |

| | | |
|---|---|---|
| le taureau | luh taw-raw | bull |
| le taxi | luh tax-ee | taxi |
| le tee-shirt | luh tee-shert | T-shirt |
| le téléphérique | luh tellay-fair-eek | ski lift |
| le téléphone | luh tellay-fon | telephone |
| la télévision | luh tellay-veez-yo(n) | television |
| la tente | la tont | tent |
| la tête | la tet | head |
| tirer | teer-ay | to pull |
| le toboggan | luh to-bo-go(n) | slide |
| les toilettes (f) | lay twa-lett | toilet |
| le toit | luh twa | roof |
| la tomate | la to-mat | tomato |
| les tomates (f) | lay to-mat | tomatoes |
| la tondeuse | la to(n)-derz | lawnmower |
| la torche | la torsh | flashlight |
| le tournevis | luh toor-nuh-veess | screwdriver |
| le tourniquet | luh toor-neekay | merry-go-round |
| le tracteur | luh trak-ter | tractor |
| le train | luh tra(n) | train |
| les tranports (m) | lay tro(n)-spor | transportation |
| treize | trez | thirteen |
| le triangle | luh tree-o(n)gl | triangle |
| trois | trwa | three |
| la trompette | la tro(m)-pet | trumpet |
| la trottinette | la tro-tee-net | scooter |
| le tuyau d'arrosage | luh twee-yo da-ro-zaj | hose |

**u**

| | | |
|---|---|---|
| un | a(n) | one |

**v**

| | | |
|---|---|---|
| la vache | la vash | cow |
| le vaisseau spatial | luh vesso spa-see-al | spaceship |
| la valise | la va-leez | suitcase |
| le vase | luh vaz | vase |
| le veau | luh vo | calf |
| le vélo | luh velo | bike |
| le ventre | luh vo(n)tr | belly |
| le ver de terre | luh vair duh tair | worm |
| les vers de terre (m) | lay vair duh tair | worms |
| vert | vair | green |
| les vêtements (m) | lay vet-mo(n) | clothes |
| la ville | la veel | town |
| vingt | va(n) | twenty |
| violet | vee-olay | purple |
| la voiture | la vwa-tewr | car |
| la voiture de course | la vwa-tewr duh koorss | race car |
| la voiture de police | la vwa-tewr duh po-leess | police car |
| la voiture de sport | la vwa-tewr duh spor | sports car |
| les voitures | lay vwa-tewr | cars |

**y**

| | | |
|---|---|---|
| le yaourt | luh ya-oort | yogurt |

**Additional models: Les Pickstock, Barry Jones, Stef Lumley and Karen Krige. With thanks to Vicki Groombridge, Nicole Irving and the Model Shop, 151 City Road, London.**

First published in 1999 by Usborne Publishing Ltd, Usborne House, 83-85 Saffron Hill, London EC1N 8RT, England. www.usborne.com
Copyright © Usborne Publishing Ltd, 1999.
First published in America 1999. AE

The name Usborne and the device ⊕ are Trade Marks of Usborne Publishing Ltd. All rights reserved. No part of this publication may be reproduced, stored in a retrieval system or transmitted in any form or by any means, electronic, mechanical, photocopying, recording or otherwise, without the prior permission of the publisher.

Printed in Spain